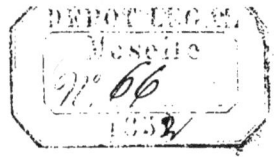

RESSORT DE LA COUR D'APPEL DE METZ.

PRESTATION DE SERMENT

DES

MEMBRES DES TRIBUNAUX

CIVILS et de COMMERCE du département des ARDENNES,

AUX AUDIENCES DES 24, 26, 28 ET 29 AVRIL 1852.

DISCOURS

DE M. P. GRAND, Conseiller a la Cour d'appel de Metz,

Délégué pour recevoir le serment.

METZ,
TYPOGRAPHIE DE Ch. DIEU et V. MALINE, PLACE CHAPPÉ.

1852.

EXTRAIT

DU

REGISTRE DES DÉLIBÉRATIONS

DE

LA COUR D'APPEL DE METZ.

Ce jour, *vingt avril mil huit cent cinquante-deux*, toutes les Chambres étant réunies en la Chambre du Conseil sur la convocation et sous la présidence de M. le Premier-Président;

M. le Procureur général et MM. les Membres du parquet étant présents;

La Cour, conformément à l'article 5 du décret du 22 mars 1852, a délégué, pour recevoir le serment des membres de tous les tribunaux de première instance et de commerce du département des Ardennes, M. Grand, Conseiller, qui a prêté serment le même jour, en audience publique et solennelle, ainsi qu'il est prescrit par l'article 4 du susdit décret.

Pour extrait conforme :

Le Greffier en chef de la Cour d'appel de Metz,

Amb. ROGET.

TRIBUNAL CIVIL DE SEDAN.

Audience du Samedi 24 Avril 1852.

A dix heures du matin, M. Pierre Grand, Conseiller à la Cour d'appel de Metz, accompagné des membres du tribunal civil, est entré, revêtu de la robe rouge, dans la salle ordinaire des audiences, a pris place au fauteuil, et a déclaré la séance ouverte.

Dans l'enceinte du prétoire, les membres du tribunal de commerce occupaient la première rangée de fauteuils. Derrière eux siégeaient MM. les Juges-de-Paix et leurs suppléants, les Notaires, les Avoués, les Huissiers et les Commissaires-Priseurs. Tous ces fonctionnaires, qui devaient prêter serment, étaient en costume.

Les membres du barreau et plusieurs fonctionnaires publics assistaient à cette cérémonie.

Sur l'ordre de M. le Conseiller délégué, il a été donné lecture, par le Greffier en chef, de l'article 14 de la Constitution du 14 janvier 1852, des décrets des 22 mars et 5 avril 1852, et de l'extrait du registre des délibérations de la Cour d'appel de Metz du 20 avril 1852.

Ensuite M. le Conseiller Grand s'est exprimé en ces termes :

« Messieurs,

Je venais de passer plusieurs jours à Paris, qui semble voir renaître son ancienne prospérité, lorsque, à mon retour à Metz, la cour d'appel m'a tout récemment, mardi dernier, délégué, aux termes de l'article 5 du décret du 22 mars, pour recevoir le serment des membres des tribunaux de première instance et de commerce du département des Ardennes.

J'étais loin de m'attendre à cet honneur, dont étaient plus dignes que moi sans doute plusieurs de mes collègues, soit par des services judiciaires plus remplis que les miens, malgré mes vingt années de magistrature, soit par la sympathie qui s'attache à ceux qui sont les enfants d'un département, ou qu'une longue résidence y a pour ainsi dire naturalisés.

Mais, pourquoi craindrais-je de le dire? cet honneur, que je n'ai point recherché, ne m'a pas paru dépasser mes forces.

En effet, jusqu'à la Révolution de 1848, comme la plupart d'entre vous, Messieurs, je n'avais prêté en qualité de magistrat qu'un seul serment politique, celui de fidélité au roi des Français, d'obéissance à la charte constitutionnelle de 1830 et aux lois du royaume. Or, quel est celui d'entre nous qui n'a pas été un religieux observateur de ce serment?

Ici, Messieurs, il me paraît utile, honnête, moral, avant d'aller plus loin, de jeter un coup-d'œil en arrière. Eh bien ! si nous nous livrons à cet examen rétrospectif, n'avons-nous pas le droit de dire que pendant dix-huit ans nous avons obéi au pacte fondamental de 1830 et aux lois, non pas seulement en nous conformant à leurs prescriptions, mais encore en les faisant observer aux autres....

Convaincus que les lois, *quelle que soit leur origine, ont toutes,* comme l'enseigne Bacon, *une même fin : le plus grand bonheur des hommes réunis en société,* tous nos efforts ont sans cesse tendu à nous pénétrer de leur texte et de leur esprit pour rendre une bonne et exacte justice.

La Charte consacrait l'égalité des Français devant la loi, la liberté individuelle, la liberté de la presse, *sous la réserve, bien entendu, de l'obéissance aux prescriptions du législateur,* car depuis 1789, notre société moderne est établie sur des principes nouveaux qui se résument dans cette devise : *Sub lege libertas*, devise que je rappelais l'année dernière à la cour d'assises des Ardennes, dans une affaire politique !...

Eh bien ! tous ces droits proclamés par le pacte fondamental, est-il nn seul d'entre nous qui ne les ait pas protégés et sauvegardés, autant que le lui permettaient ses attributions ?...

Quant à la fidélité que nous avions promise à celui que l'article 13 de la Charte constitutionnelle de 1830 appelait le chef suprême de l'Etat, elle fut toujours la règle de nos actes de magistrats.

En administrant partout et toujours avec une impartiale fermeté la justice qui, pour me servir des termes mêmes de l'article 48 de la Charte, émanait du roi, nous remplissions encore religieusement cette partie de notre serment.

C'est ainsi que, lorsque nous interrogeons le passé, et que nous nous mettons en présence de nos consciences, nous sommes pleinement rassurés sur l'accomplissement des engaments moraux et politiques que nous avions contractés avec le gouvernement de 1830.

Il en était peut-être un autre qui nous était imposé, sinon comme magistrats, du moins comme citoyens : c'était d'avertir avec bienveillance, dévoûment et respect le gouvernement, que le moment était venu de modifier et d'élargir les bases de la loi électorale du 19 avril 1831 et de réaliser les promesses qui avaient été faites en 1831 du haut des tribunes des deux chambres (1).

---

(1) Les grandes âmes désirent les conseils. sûres d'elles-mêmes, elles ne craignent point de paraître gouvernées par ceux qu'elles gouvernent en effet ; et, dédaignant le faux honneur de dominer par l'élévation de leur dignité, elles règnent plus glorieusement par la supériorité de leur esprit.

D'Aguesseau, *l'Amour de la patrie* (19e mercuriale).

En 1847, ce devoir a été rempli religieusement par les hommes politiques qui avaient l'intime conviction que le moment était venu de réunir tous les éléments démocratiques qui peuvent avoir quelque puissance, et de les faire concourir à la conservation de l'ordre de choses établi en 1830.

Avertir le pouvoir, c'était le servir. Il est des moments périlleux où, sans trahison, on ne saurait être à la fois, suivant un mot de l'antiquité, *son ami et son flatteur* (1).

Ce fut donc avec un sincère dévoûment à l'ordre public gravement menacé, que des esprits sérieux et prévoyants réclamèrent l'amélioration de la législation électorale et parlementaire.

Malgré les avertissements de tant de publicistes et d'hommes d'État sagement inspirés, la loi électorale de 1831 n'a point été modifiée, mais le trône s'est écroulé, et la République nous a donné le suffrage universel et les incompatibilités parlementaires....

Avons-nous violé nos serments en continuant à administrer la justice au nom du peuple qui venait de rentrer dans la plénitude de sa souveraineté?....

Non; la conscience publique a hautement proclamé que l'abdication du chef de l'État nous avait déliés de serments qui n'avaient plus de raisons d'être, et que nous nous devions encore à la patrie (2).

---

(1) Ce mot est de Phocion (*Plutarque*).

(2) *Oui, la magistrature se devait encore à la patrie,* et c'est avec beaucoup de raison que, lors de la discussion de la loi du 8 août 1849, M. Rouher, rapporteur, a dit :

« La magistrature française restée pure, honorable, honorée sous le « gouvernement précédent, a-t-elle opposé une seule résistance à l'avène-« ment de la démocratie en Février? Ne présentèrent-ils pas un admirable « spectacle, tous ces corps judiciaires établis sur le sol de la France, « lorsque le lendemain de ce cataclysme, ils continuèrent impassibles,

Depuis, nous avons obéi religieusement à la Constitution du 4 novembre 1848.

Dans notre sphère de magistrats, nous n'avons permis à qui que ce fut d'en violer impunément les dispositions.

Que de fois, Messieurs, nous, qui avons l'honneur de porter la parole devant vous, ne nous est-il pas arrivé, soit à la cour d'assises de la Moselle, soit à celle des Ardennes, vous le savez, de montrer tout le danger que faisaient courir à la liberté, à l'ordre public qui en est inséparable, à la société tout entière, ces doctrines qui justifiaient les désordres et la violence sous de spécieux prétextes de droits violés !!!...

Nous disions à ces républicains, assez mal inspirés pour vouloir être plus républicains que la République elle-même : Puisque, aux termes de l'art 1er de la Constitution du 4 novembre, la souveraineté réside dans l'universalité des citoyens français, puisqu'aucun individu, aucune fraction du peuple ne peut s'en attribuer l'exercice, vous n'êtes autorisés à chercher le triomphe de vos idées que dans la discussion, dans le raisonnement, et jamais dans la force brutale....

Nous leur disions encore, dans l'intérêt même de la forme gouvernementale adoptée en 1848, et qu'ils prétendaient chérir, de cesser d'outrager le chef du gouvernement, et de ne point oublier que l'autorité de Louis-Napoléon était d'autant plus respectable qu'il l'avait reçue du suffrage éclairé de six millions de Français.

Vains avertissements que les magistrats reproduisaient sous les formes les plus variées !

« avec ce calme et cette fermeté qui naissent du sentiment du droit et
« de celui du devoir, à rendre aux citoyens cette justice qui doit être tou-
« jours égale, qu'elle soit prononcée au nom d'un roi ou au nom du
« peuple souverain ! »

La situation s'aggravait : les partis déjà si nombreux se fractionnaient encore !

La Constitution fonctionnait péniblement et semblait, comme un édifice vermoulu, faire entendre de sourds craquements !...

Le pouvoir, on savait où il était encore ; mais on se demandait où il allait être ; et les esprits les plus froids et les moins timorés n'auraient osé annoncer où il serait le lendemain !...

1852 était une menace dans la bouche des uns, et une crainte dans le cœur des autres !

Où allait-on ?

Le Prince Louis-Napoléon a vu que la France était sur le penchant du précipice.

Il a voulu l'y soustraire, et le grand événement du 2 décembre s'est accompli !

Depuis cette mémorable journée, le peuple a proclamé, par près de huit millions de suffrages, qu'il voulait le maintien de l'autorité de Louis-Napoléon Bonaparte, et il lui a donné les pouvoirs nécessaires pour faire une Constitution d'après les bases du plébiscite du 2 décembre.

Elle a été faite par l'élu du peuple, et désormais le pacte fondamental de la France s'appelle la Constitution du 14 janvier 1852.

Cette Constitution qui reconnaît, confirme et garantit les grands principes proclamés en 1789, et qui sont la base du droit public des Français, porte (article 7) : que la justice se rend au nom du Prince Louis-Napoléon qui est le chef de l'Etat, et (article 14) que les magistrats et les fonctionnaires publics prêtent le serment d'obéissance à la Constitution et de fidélité au Président.

C'est en exécution de cet article 14 de la Constitution, que le décret du 22 mars a ordonné la prestation de serment des magistrats.

Pas un magistrat de la cour d'appel ni du tribunal civil de Metz n'a refusé de prêter ce serment ; qu'il me soit permis de dire, tout en respectant toutes les convictions lorsqu'elles sont sincères et loyales, qu'il en sera de même de l'immense majorité des magistrats de France ; c'est qu'en effet s'il est vrai qu'un serment soit une chose sainte et que la morale n'admette point de capitulations de conscience ; s'il est vrai que l'on ne puisse sans dépravation de cœur et d'esprit prêter un serment avec la volonté de ne pas le tenir, les magistrats, qui sont pénétrés de cette vérité que la conscience humaine enseigne, ne peuvent éprouver aucune répugnance à prêter un serment franc, sincère et loyal au Prince Louis-Napoléon, qui représente d'une manière si saisissante la nation ; à Louis-Napoléon, l'homme de l'élection populaire, celui qui s'incline devant la majestueuse souveraineté de la France. Nul magistrat ne peut craindre qu'après avoir donné au gouvernement cet acte solennel d'adhésion, son indépendance soit mise en suspicion.

Le pays sait, en effet, trop bien honorer la magistrature, si digne encore aujourd'hui de ces paroles de d'Aguesseau :

« Combien de chaînes a brisées en un jour celui qui se « charge volontairement de celles de la justice ! par une seule « dépendance, il s'est délivré de toutes les autres servitudes, « et, devenu d'autant plus libre qu'il est plus esclave de la « loi, il peut toujours tout ce qu'il veut, parce qu'il ne veut « jamais que ce qu'il doit. »

Après ce discours, M. le Conseiller Grand a lu la formule du serment, qui a été successivement prêté par :

MM. Pinsart, président du tribunal civil, — Ninnin, président honoraire, — Malcotte, juge d'instruction, — Bretagne, juge, — Philippoteaux, juge suppléant, — Desgodins, procureur de la République, — Guérin, substitut, — Renard, greffier, — Grandjean et Lenoir, commis assermentés.

MM. Bertèche, président du tribunal de commerce, — De Montagnac,

Amour, Bourguin, Vesseron-Lejay, juges, — Robert-Bacot, Solleret, Labrosse, Simon-Laffon, juges suppléants, — et Chayeux, greffier.

Le serment a été prêté par les Greffiers et Commis-Greffiers avec les modifications indiquées dans l'article 4 du décret du 5 avril 1852.

M. Blanchard, juge suppléant près le tribunal civil, avocat et ancien membre de l'assemblée nationale, n'ayant pas répondu à l'appel, son absence a été constatée au procès-verbal.

La séance, suspendue pendant quelques instants, a été reprise sous la présidence de M. Pinsart, et il a été procédé à la prestation de serment de MM. les Juges-de-Paix, Juges-suppléants et Greffiers de l'arrondissement, de MM. les Notaires, les Avoués, les Commissaires-Priseurs et les Huissiers.

TRIBUNAL CIVIL DE CHARLEVILLE,

(Chef-lieu du département des Ardennes.)

Audience du Samedi 24 Avril 1852.

A trois heures et demie, le tribunal civil s'est réuni dans la salle ordinaire de ses audiences, sous la présidence de M. le Conseiller Pierre Grand.

Les membres du tribunal de commerce siégeaient dans l'enceinte du prétoire, ainsi que les fonctionnaires publics convoqués officiellement.

Après que le Greffier eut donné lecture de l'article 14 de la Constitution et des décrets relatifs à la cérémonie, M. le Conseiller Grand a pris la parole en ces termes :

« Messieurs,

Nous avons, dans la matinée, procédé à la prestation de serment des magistrats du tribunal civil et du tribunal de commerce de Sedan.

En venant, en ce moment, remplir la même mission auprès de vous, qu'il nous soit tout d'abord permis de dire combien nous sommes heureux de nous retrouver au sein d'une compagnie dont nous avons souvent partagé les travaux, soit comme membre du parquet dans les premiers temps qui ont suivi la révolution de Juillet, soit comme président d'assises pendant ces dix dernières années.

Toutefois, Messieurs, une pensée nous oppresse : c'est celle qui se rattache à deux amis absents, magistrats recommandables, excellents citoyens, que la mort nous a enlevés prématurément !...

Mais puisque nous avons à parler des saintes prescriptions du *devoir,* nous pouvons nous inspirer de leur souvenir, car ils en avaient à un haut point le sentiment, M. le président Tirman et M. Dégoutin, juge, et l'on pouvait dire d'eux, avec D'Aguesseau, que *le titre précieux d'hommes justes les mettait en possession de la confiance publique.*

Cette confiance, si honorable pour ceux qui la méritent, nous le savons, Messieurs, de longue date, vous vous en êtes rendus également dignes.

Loin de la diminuer, l'engagement solennel que vous allez contracter *d'obéir à la Constitution et d'être fidèles au Président de la République,* ne fera que l'augmenter.

Plus, en effet, les devoirs s'étendent, plus ils contribuent à faire honorer ceux qui les accomplissent religieusement.

A Dieu ne plaise, Messieurs, qu'on induise des paroles que

je viens de prononcer, que les magistrats eussent jamais pu avoir la pensée de désobéir à la Constitution et de méconnaître l'autorité que le Prince-Président tient de la volonté du peuple, sans la prestation de serment décrétée le 22 mars.

Non, sans doute, et le Prince-Président de la République a proclamé lui-même en recevant, le 4 de ce mois, le serment des chefs de la magistrature : « que l'obligation de le prêter « pour tous les corps constitués lui semblait moins nécessaire « de la part de ceux dont la noble mission est de faire dominer « et respecter le droit. »

En effet, comment le magistrat, habitué à réprimer les actions qui troublent le repos de la société, pourrait-il se croire lui-même affranchi de l'obligation de conformer ses actions à la Constitution, et de respecter l'autorité du chef de l'Etat, sous prétexte qu'il n'a pas pris Dieu pour témoin de sa fidélité et pour vengeur de son parjure.

Ne sommes-nous pas ces mêmes magistrats qui n'avons cessé, pendant les trois années qui ont précédé le 2 décembre, d'entourer de respect la Constitution et le Président de la République, quoique nous n'eussions pas prêté de serment politique?

Que de fois n'avons-nous pas insisté sur la nécessité de donner force à l'autorité, en maintenant le respect de celui qui en est l'expression la plus élevée?

Nous appropriant les paroles de M. Odilon Barrot, ministre de la justice en 1849, nous disions aussi du haut de notre siége de magistrat :

« Qu'il importait à l'honneur de la République de protéger, « en la personne de Louis-Napoléon, le pouvoir que la Consti- « tution avait érigé, le pouvoir auquel la Constitution devait « conserver toute sa force. »

Mais enfin, il faut bien reconnaître cette vérité, que l'on retrouve dans l'exposé des motifs de la loi du 8 août 1849,

relative à l'organisation judiciaire, que « *le serment ajoute*
« *un lien de plus à ceux que la conscience impose ;*

« Que la dignité et, pour ainsi dire, la sainteté de la
« mission du magistrat, perdent beaucoup à l'absence de tout
« engagement en présence de Dieu et des hommes. »

Il est vrai que dans la pensée de celui qui les prononçait,
ces paroles ne s'appliquaient qu'au serment professionnel ;
mais ne doit-on pas reconnaître que le serment politique est,
ainsi que le proclame le décret du 12 mars 1852, l'acte par
lequel se complète le caractère de l'homme public ?

Messieurs, quelle que soit l'opinion qu'on puisse professer
à cet égard, disons-le ici hautement, en écartant toute dis-
tinction subtile :

Serment professionnel ou serment politique,

tout serment est un engagement sacré, une chose sainte,
et, comme l'a dit un publiciste :

« Celui qui s'engage volontairement à faire une chose et
« qui ne la fait pas est coupable, quelque excuse qu'il se
« donne à lui-même : la morale n'a point à s'occuper des
« capitulations de conscience et des illusions de l'esprit. »

Et que l'on ne vienne pas dire que la politique a ses
franchises ou ses restrictions mentales, car l'opinion publique,
cette gardienne vigilante de la morale et de l'honneur, ré-
prouve celui qui se parjure à la face du ciel.

Le serment que vous allez prêter, vous savez à quoi il
vous engage :

C'est à l'obéissance à la Constitution, à la fidélité au
Président de la République.

Est-il vrai, Messieurs, comme l'a proclamé, le 2 décembre
dernier, le Président de la République dans son appel au
peuple, *que la situation ne pouvait durer plus longtemps,*

que chaque jour qui s'écoulait aggravait les dangers du pays,
que toutes les mauvaises passions étaient encouragées, et que
le repos de la France était compromis ?

Est-il vrai qu'il ait sauvé le pays, en invoquant le juge-
ment solennel *du seul souverain qu'il reconnaisse en France :*
le peuple ?

Messieurs, la nation tout entière a répondu à l'appel loyal
que lui a fait le Président de la République.

Elle a proclamé, par près de huit millions de suffrages,
en consacrant les pouvoirs que le Prince Louis-Napoléon lui
demandait, que la cause dont le neveu de Napoléon est le
symbole, c'est-à-dire la France régénérée par la révolution
de 89 et organisée par l'Empereur, était toujours la sienne.

Ce symbole, Messieurs, a été nettement caractérisé par
M. Baroche, vice-président du Conseil d'État, lorsque, le
31 décembre dernier, en sa qualité de vice-président de la
Commission consultative, présentant à M. le Président de la
République le résultat du recensement général des votes, il
s'est écrié :

« Que ce symbole c'était une liberté sage et bien réglée,
« une autorité forte et respectée de tous. »

Ne craignons pas de le dire : quiconque a, pour le suffrage
universel, cette grande voix qui sort des entrailles du peuple,
le respect qui lui est dû, comprend que lorsque près de
huit millions de voix humaines disent : *oui,* et moins de
sept cent mille disent : *non,* la minorité n'a plus qu'à s'in-
cliner devant la majorité, dont le scrutin a proclamé l'écla-
tante victoire.

Comment ne pas croire que le gouvernement qui sort ainsi
de l'élection, *cette racine de tous les pouvoirs,* pour me
servir de l'expression de M. de Pradt, est constitué pour
l'avantage commun ?

Messieurs, un grand publiciste l'a dit, le siècle dernier :
« La chose publique est quelque chose, lorsque l'intérêt
« public gouverne. Tout gouvernement légitime est répu-
« blicain : on n'entend pas seulement par ce mot une aristo-
« cratie ou une démocratie, mais, en général, tout gou-
« vernement guidé par la volonté générale qui est la loi. »

Issu de la volonté générale, comment le gouvernement
actuel ne s'efforcerait-il pas de justifier, par ses actes, la
confiance du peuple ?

La France a soif d'autorité ; mais en même temps elle
n'a pas cessé d'être libérale ; et je ne prends pas ce mot
dans le sens étroit et mesquin qu'on a quelquefois, bien à
tort sans doute, voulu lui donner, mais dans le sens large,
démocratique, favorable au légitime développement de l'autorité qui doit conserver sa dignité et sa force dans l'intérêt
même du maintien de la liberté. Car (ainsi que l'enseigne
d'Aguesseau, 19ᵉ mercuriale), *une autorité nécessaire tem-
père l'usage de la liberté, et la liberté tempérée devient le
plus digne instrument de l'autorité.*

On a dit avec raison que la France ne veut pas plus
de liberté illimitée qu'elle ne veut de despotisme sans limites ;
non, elle ne veut ni de *dictature permanente de droit divin,*
ni de *dictature permanente de droit populaire.*

Aussi, comme citoyen qui croyons comprendre les besoins,
les aspirations du pays, nous nous associons de toutes nos
forces aux félicitations qu'un *brillant publiciste* adressait, il
n'y a que quelques jours, au Prince-Président, pour avoir
constitué un ordre légal en donnant une Constitution et en
instituant un Sénat et un Corps législatif.

La France, qui s'appartient toujours, alors même qu'elle
acclame une dictature momentanée et préservatrice, s'est
incarnée dans le régime représentatif.

Le Prince Louis-Napoléon l'a compris. En effet, le 31 décembre, dans sa réponse à M. le vice-président de la Commission consultative, il disait :

« Donner satisfaction aux exigences du moment, en créant
« un système qui reconstitue l'autorité sans blesser l'égalité,
« sans fermer aucune voie d'amélioration, c'est jeter les
« véritables bases du seul édifice capable de supporter *plus*
« *tard une liberté sage et bienfaisante.* »

Cette liberté sage et bienfaisante dont parlait le Président de la République, à la fin de décembre dernier, *qui pourrait* en croire la France deshéritée, en présence de la Constitution du 14 janvier 1852, faite en vertu des pouvoirs délégués par le peuple français à Louis-Napoléon Bonaparte, par les votes des 20 et 21 décembre 1851 ?

L'article 1er de cette Constitution ne porte-t-il pas :
« Que la Constitution reconnaît, confirme et garantit les
« grands principes proclamés en 1789, et qui sont la base
« du droit public des Français? »

Or, parmi les grands principes de 89, on aperçoit :

L'inviolabilité de la dette publique et des propriétés ;

Le respect de la liberté individuelle et du domicile, sous la réserve de la loi ;

La liberté de la presse, sauf les restrictions commandées dans l'intérêt des droits de tous;

La liberté religieuse, la liberté de conscience et l'égalité civile et politique pour les cultes ;

L'égalité de tous les Français devant l'impôt et devant la loi;

L'admissibilité de tous les Français aux fonctions et emplois publics ;

Enfin, l'indépendance de la magistrature.

La garantie de tels droits est de nature à rassurer les esprits les plus libéraux, mais assez sages en même temps pour ne pas oublier que le pouvoir est le palladium de la liberté, et de la sécurité de tous (1).

Pour nous, Messieurs, après avoir froidement interrogé notre conscience, nous n'avons pas cru faillir à nos antécédents et à notre vieil attachement pour le régime représentatif, en promettant notre loyal concours au nouveau gouvernement.

Nous serons fidèle à cet engagement que nous avons solennellement contracté, comme nous nous honorons d'avoir toujours et sans cesse défendu et la Charte constitutionnelle de 1830, pendant dix-huit ans, et la Constitution de 1848, et Louis-Napoléon, Président de la République, pendant les trois années qui ont précédé le 2 décembre. Les pouvoirs qui sont l'expression de la volonté du pays ont droit à notre concours, à notre appui, à notre dévoûment.

Depuis vingt ans que nous sommes magistrat, nous avons toujours reconnu que, dans l'ébranlement de toutes les doctrines, la seule croyance restée debout, le seul point fixe auquel se relient la société penchante, c'est la loi, ce lien indissoluble du droit et du devoir, cet enseignement quotidien de la morale universelle, suivant la belle expression de M. Hello, et nous nous sommes livré sans retour au culte de la loi, car la loi respectée, la loi bien appliquée est tout le salut de la patrie.

Nous nous honorons de pouvoir reproduire dans cette enceinte, sans en retrancher un seul mot, les lignes suivantes que nous publiions le 27 août dernier :

« Oui, assez de guerres civiles en France ;

« Respectons-nous les uns les autres ;

« Aimons-nous, ou efforçons-nous de nous aimer ;

---

(1) Imperium nihil aliud est quàm cura salutis alienœ. Amm. Marc. Hist. lib. XXIX.

« Ne nous battons plus qu'à coups de bulletins dans les comices électoraux ;

« Maintenons et fécondons les grandes conquêtes de 89 ;

« Respectons les lois et faisons-les respecter ;

« Sauvegardons l'ordre, et la prospérité du pays cessera d'être un mythe et une chimère. »

Messieurs, la prospérité que nous appellions de nos vœux, il y a huit mois, sur notre belle France, attristée alors par la prévision de nouvelles et menaçantes commotions, est devenue une réalité, grâce à une haute intervention !

Efforçons-nous de l'augmenter encore par notre influence morale et par notre amour pour *la justice, cette volonté ferme et constante de rendre à chacun ce qui lui appartient.*

En continuant à appliquer les lois avec une impartiale fermeté, ayons toujours présentes à l'esprit ces belles paroles de Portalis l'ancien :

« On a vu des pays bien gouvernés par des hommes, sans « l'intervention des lois ; on n'en a jamais vu régis par les « lois, sans le concours des hommes. »

Enfin, consolidons la prospérité publique par notre loyale adhésion au gouvernement du Prince Louis-Napoléon, de l'homme de l'élection populaire, de celui qui s'incline devant la majestueuse souveraineté de la France, et n'oublions pas les paroles qu'il adressait, le 4 de ce mois, aux chefs de la magistrature :

« En me prêtant serment, ce n'est pas seulement à un « homme que vous allez jurer d'être fidèles, mais à un prin- « cipe, à une cause, à la volonté nationale elle-même. »

Ensuite, M. le Conseiller à la Cour d'appel a reçu le serment de :

MM. De Saint-Vincent, président, — Gautiez-Wèbre, vice-président, — Corsin, Roulez, Hennequin, Hureaux, Doucœur, Camus, juges, — Ninnin, juge d'instruction, — Prevost, Chonet de Bollemont et Millart,

juges suppléants, — Berry, procureur de la république, — Decous et
Thilloy, substituts du procureur de la république, — Hubert, greffier en
chef, — Andry, Debuire et Henriet, commis-greffiers.

Et de MM. Renaud-Tisseron, président du tribunal de commerce, —
Claude-Lafontaine et Jules Hubert, juges, — Thilloy et Joly, juges suppléants. — de M. Petit, père, greffier et du commis-greffier du tribunal
de commerce de Charleville.

Le serment de MM. les Juges-de-Paix et de leurs suppléants,
des Notaires, des Avoués, des Huissiers et des Commissaires-
Priseurs a été reçu par le tribunal sous la présidence de
M. De Saint-Vincent.

La séance a été levée vers cinq heures.

TRIBUNAL CIVIL DE ROCROI.

Audience du Lundi 26 Avril 1852.

A Deux heures, M. le Conseiller Pierre Grand est entré, à la
tête des membres du tribunal civil, dans la salle ordinaire des
audiences, où étaient déjà réunis les différents fonctionnaires
publics et officiers ministériels qui devaient prêter serment.

Après avoir déclaré la séance ouverte et fait donner lecture
de l'article 14 de la Constitution et des décrets relatifs à la
cérémonie, il a pris la parole en ces termes :

« Messieurs,

En venant remplir ici les fonctions solennelles qui m'ont
été conférées par la Cour d'appel de Metz, en exécution du
décret du 22 mars dernier, je ne puis m'empêcher de jeter
un regard en arrière, et il me revient à la pensée qu'il

y a dix-sept ans, prenant possession, dans cette même enceinte, du siège de chef de parquet, en remplacement de
l'honorable magistrat qui préside ce tribunal, je prononçai
les paroles suivantes qui peuvent trouver aujourd'hui leur
application au moment d'un grand devoir à remplir :

« Maintenir l'ordre public et consolider sa base en aug-
« mentant la force morale de la justice, tel doit être le but
« constant de nos efforts. »

Nous croyons encore aujourd'hui, Messieurs, comme en
1835, et avec une plus profonde conviction, par suite du
contact du temps, des choses, des hommes, que la base de
l'ordre public sera d'autant plus consolidée, que le culte de
la loi aura plus de sectateurs fermes et dévoués, concou-
rant tous à augmenter la force morale de la justice.

Honorer l'autorité, cette condition essentielle de l'ordre,
lui promettre aide et assistance avec la ferme intention d'être
fidèles à notre promesse, c'est évidemment fortifier la justice,
lui assurer ses libres développements. Voilà pourquoi la loi
nous convie à renouer, suivant l'expression de M. le Premier
Président Troplong, l'antique lien de la justice avec le Prince,
et à donner, par nos serments, une dernière consécration à
la plus mémorable élection qui fut jamais.

Après avoir développé les considérations qui, loin de per-
mettre qu'on regarde le serment comme une formalité sans
valeur, montrent qu'il est un engagement sacré, M. le
Conseiller a reçu le serment de :

MM. Castillon, président, — Millart, juge d'instruction, — Bougel, juge,
Rousseau, Petit-Prisse, juges suppléants, — Guillaume-Dufay, procureur
de la république, — Pécheur, substitut, — Gerbost, greffier, — et Maillieux,
commis-greffier.

MM. les Juges-de-Paix, Notaires et Officiers ministériels
ont ensuite prêté serment devant le tribunal.

TRIBUNAL CIVIL DE RETHEL.

Audience du 28 Avril 1852.

A une heure, le Tribunal s'est réuni dans la salle ordinaire de ses audiences, sous la présidence de M. Pierre Grand, Conseiller à la Cour d'appel de Metz.

M. le Sous-Préfet, M. le Maire de Rethel, M. l'Adjoint et M. le Commissaire de police assistaient à cette solennité, revêtus des insignes de leur dignité.

Le Greffier a donné lecture de l'article 14 de la Constitution et des décrets relatifs à la cérémonie.

Ensuite, M. le Conseiller, après avoir manifesté l'espérance que ses paroles, à peine annotées et pour ainsi dire improvisées, seraient, malgré leur insuffisance, bien accueillies, en faveur du sentiment qui les inspire, s'est attaché à indiquer les obligations que le serment politique impose à ceux qui le prêtent. « C'est surtout, a-t-il dit, dans cette ville où l'industrie et le commerce, ces sources fécondes de la richesse et de la prospérité publiques, ces immenses branches des spéculations humaines, ont tant d'importance, où la population ouvrière est si considérable, qu'il importe de montrer qu'à côté des droits se trouvent toujours des devoirs ; or, le premier de tous pour un citoyen, c'est d'obéir aux lois de son pays, et d'être fidèle au chef que la nation a consacré par un immense suffrage. Agir autrement, serait se trahir soi-même. »

M. le Conseiller s'est livré aux développements que présentait cet ordre d'idées, et a prononcé la formule du serment, qui a été immédiatement et successivement prêté par :

MM. Watellier, président du tribunal, — Auchier, juge d'instruction, Hubignon, juge, — Couttin, Villard, Collart, juges suppléants, — Pauffin, juge honoraire, — Daunoy, procureur de la république, — Hureaux, substitut, — Baudet, greffier en chef, — Satabin et Henry, commis-greffiers.

Puis, il a été procédé par le Tribunal à la prestation de serment de MM. les Juges-de-Paix, Juges suppléants et Greffiers de l'arrondissement; de MM. les Avoués, les Notaires, Commissaires-Priseurs et Huissiers.

TRIBUNAL CIVIL DE VOUZIERS.

Audience du 29 Avril 1852.

Le tribunal s'est réuni à une heure après midi ; la séance a été ouverte sous la présidence de M. Grand, conseiller à la cour d'appel de Metz.

On remarque dans l'enceinte M. le Sous-Préfet et d'autres autorités.

Lecture faite, par le Greffier, de l'article 14 de la Constitution et des décrets, M. le conseiller a pris la parole en ces termes :

« Messieurs,

Ce tribunal, présidé par le magistrat éminent (1) qui, pendant la durée de l'Assemblée constituante, s'est toujours ins-

---

(1) M. Tranchart, président du tribunal de Vouziers.

piré du sentiment national, est, de tous les tribunaux du département, le dernier devant lequel nous venons remplir la
mission qui nous a été confiée par la cour d'appel.

Nous avons déjà reçu le serment des membres des tribunaux
civils et de commerce de Sedan et de Charleville, ainsi que
des tribunaux civils de Rocroi et de Rethel.

C'est un serment politique que vous êtes appelés à prêter ;
vous ne trouverez donc pas étrange que celui qui est chargé
d'en requérir et d'en recevoir la prestation, vous entretienne de
politique.

S'en abstenir serait une sorte de mensonge tacite, j'ai
presque dit de désertion du mandat qui m'a été donné, car
puisque la politique est dans le serment, elle est ici dans la
pensée de tous, dans l'air pour ainsi dire que nous respirons;
il faut donc que nos paroles soient en harmonie avec nos
pensées.

L'engagement solennel que vous allez contracter est d'obéir
à la Constitution du 14 janvier 1852 et d'être fidèle au Président.

Mais naguères, Messieurs, il existait une autre Constitution, la Constitution de 1848, qui donnait à nos institutions
politiques une forme différente, et au Président de la République une autorité plus restreinte !....

Qu'est devenue cette Constitution, et pourquoi le pouvoir
du chef de l'Etat s'est-il agrandi?

Messieurs, il ne m'appartient pas à moi qui, pendant trois
années, du haut de mon siége de président d'assises, dans les
nombreuses affaires politiques que jai présidées, ai sans cesse,
avec toute l'énergie que Dieu m'a donnée, et ce vieux sentiment de libéralisme qui est au fond de mon cœur, défendu
cette Constitution contre les violations dont elle était l'objet de
la part de ceux qui prétendaient, bien à tort, en être les amis

les plus fidèles et les défenseurs les plus éclairés, il ne m'appartient pas, dis-je, d'en parler aujourd'hui avec irrévérence.

Mais n'est-il pas vrai que, si l'on doit respect aux tombes, on doit en même temps la vérité à ceux qu'elles renferment?

Or, pourquoi ne pas reconnaître que la Constitution de 1848 contenait un principe délétère d'antagonisme entre le pouvoir législatif et le pouvoir exécutif; que ce principe d'antagonisme recélait lui-même le germe des discordes et de la guerre civile, germe qu'eût pu étouffer seulement cette prudence et cette sagesse humaine qui ne siègent pas toujours avec assez de continuité dans les grandes assemblées; qu'une législature remplie d'éléments inflammables, comme ceux que l'on apercevait de tous côtés dans l'assemblée législative, ne pouvait ni empêcher ni comprimer l'incendie qui menaçait de tout dévorer?...

Ah! sans doute, si *l'esprit, je ne dirai pas seulement de parti, mais des partis,* n'eût pas, comme un vent furieux, soufflé au milieu de tous ces éléments de combustion, on eût pu tenter, sans faire table rase, de s'opposer à la propagation des flammes; on eût pu lutter contre les imperfections de la Constitution avec la Constitution elle-même, c'est-à-dire avec les principes d'autorité et d'ordre qu'elle contenait. C'eût été une victoire contre les mauvaises passions; mais, pour la remporter, en maintenant ce qui était, n'eût-il pas fallu trouver dans l'Assemblée législative une majorité plus compacte, plus unie par la conformité des principes, du point de départ, et surtout du but?...

Messieurs, l'histoire ou plutôt les historiens diront plus tard ce que l'on aurait pu faire pour sortir de la situation immensément compliquée et menaçante dans laquelle se trouvait le pays; mais en attendant que l'histoire ait parlé, la grande voix du suffrage universel a dit son mot, et ce mot est sans appel.

4

S'inspirant de son courage en engageant sa responsabilié, se dévouant au salut du pays menacé par les déchirements des partis, Louis-Napoléon, que six millions de voix avaient appelé trois ans auparavant à la présidence de la République, est tout d'un coup sorti violemment de la légalité pour rentrer, comme il l'a dit lui-même, dans le droit.

Je le sais, beaucoup d'esprits graves et sérieux ont pu se dire avec le poëte :

Pour être approuvés,

De semblables projets veulent être achevés.

Eh bien ! les projets ont été achevés, consommés, et une ratification signée par près de huit millions de citoyens a permis au Prince-Président de la République de dire : *Le peuple m'a absous.*

Quelles sont les individualités assez témérairement naïves dans leur orgueil, pour penser qu'elles puissent prévaloir sur la volonté nationale et être autorisées à dire : *je ne veux pas,* quand le pays dit : *je veux.*

Un tel langage ne serait pas empreint de cet esprit de libéralisme, de ce respect pour le principe du droit antique de la souveraineté, que l'on retrouve dans ces paroles du Prince-Président : *que le peuple est le seul souverain qu'il reconnaisse en France.*

Mais, Messieurs, il n'y a rien d'absolu ici-bas, et, dans cet arrondissement où les travaux de l'agriculture sont si considérables, il importe de montrer qu'à côté des droits se trouvent toujours des devoirs ; or, le premier de tous les devoirs pour chacun des membres du peuple souverain, c'est d'obéir à la loi, à la Constitution du 14 janvier 1852, faite en vertu des pouvoirs délégués par le peuple français à Louis-Napoléon Bonaparte, par les votes des 20 et 21 décembre 1851.

On ne saurait le dire trop haut : ~

En obéissant aux lois et aux constitutions, on ne cesse pas
d'être libre (1).

Nous le savons, nous, magistrats, qui avons toujours
présente à la pensée cette profonde vérité si admirablement
exprimée par d'Aguesseau, et que j'ai récemment citée devant
un autre tribunal :

« Combien de chaînes a brisées en un jour celui qui se
« charge volontairement de celles de la justice !... Par une
« seule dépendance, il s'est délivré de toutes les autres
« servitudes, et devenu d'autant plus libre qu'il est plus
« esclave de la loi : il peut toujours ce qu'il veut, parce
« qu'il ne veut jamais que ce qu'il doit. »

Eh bien! Messieurs, n'est-il pas vrai qu'une partie de cette
belle pensée s'applique à chaque citoyen?

« *Il peut toujours ce qu'il veut lorsqu'il ne veut jamais*
« *que ce qu'il doit.* »

Messieurs, la Constitution et les décrets exigent que tout
magistrat prête serment d'obéissance à la Constitution et de
fidélité au Président de la République ; ce serment est également imposé aux fonctionnaires publics.

A peine si j'ai trouvé une abstention volontaire parmi les
membres des tribunaux, dans les divers arrondissements que
je viens de parcourir; on comprend qu'il en soit ainsi.

« En renouant, comme l'a dit tout récemment M le pre-
« mier Président Troplong, l'antique lien de la justice avec
« le Prince, ne donnons-nous pas, par nos serments, une

---

(1) Quelqu'un disait à Théopompe, roi des Lacédémoniens, que Sparte
se soutenait par le talent que ses rois avaient pour commander. — *Non,*
répondit-il, *c'est plutôt parce que les citoyens y savent obéir.*

(Plutarque, *Préceptes d'administration publique.*)

« dernière consécration à la plus mémorable élection qui
« fut jamais? »

Or, Messieurs, n'est-ce pas là fortifier le pouvoir, et
comment ne pas le chérir, lorsqu'on sait qu'il est le palladium
de la liberté, de cette liberté, Messieurs, que nous aimons
tous, et que, pour mon compte, j'ai chérie toute ma vie,
sans jamais déserter son culte sacré.

Je l'ai souvent invoquée, cette liberté, contre ceux qui
ne la comprenaient pas, quoiqu'ils s'en prétendissent les
adeptes dévoués ; je leur disais, et on ne saurait trop le
répéter, que la liberté vraie, sage, constitutionnelle, est
la plus grande ennemie de la licence et de l'anarchie.

Sub lege libertas.... C'est là, et ce sera toujours la devise
du bon citoyen.

Nous sommes heureux de reconnaître que cette belle devise
commence à être comprise par les hommes laborieux qui
cherchent, dans un travail de tous les jours, d'honorables
moyens d'existence.

Messieurs, puisque dans ces paroles rapides nous venons
d'être entraîné à parler de nous et de notre vieil amour pour
une liberté sage et pondérée par la loi, disons encore un
mot en terminant.

J'ai fait un appel à ma raison, à mon cœur, avant de
prêter le serment solennel que vous allez prononcer, et,
m'inspirant de ce sens intime qui trompe rarement, je me
suis dit dans la sincérité de ma conscience :

J'ai été fidèle au premier et seul serment politique que,
comme magistrat, j'ai prononcé après la révolution de juillet.
Je continuerai à me respecter, en respectant celui-ci. J'obéirai
à la Constitution : c'est le devoir d'un bon citoyen. Je serai
fidèle au Président de la République, qui lui-même s'incline
devant la majestueuse souveraineté de la France.

Nous tous magistrats, j'en suis convaincu, nous sommes animés des mêmes sentiments, et nous savons bien, qu'en agissant ainsi, nous conserverons, comme un bien précieux, l'estime de nos concitoyens. »

Après ce discours, M. le Conseiller a lu la formule du serment qui a été successivement prêté par :

MM. Tranchart, président, — Trailin, Pichat, juges, — Benoit, juge honoraire, — Marguet, Jacquemard, Allart, juges suppléants, — Paris, procureur de la République, — Cotelle, substitut, — Mary, greffier, — et Maire, commis-greffier.

Cette cérémonie de la prestation de serment a eu toute la majesté d'une audience solennelle, et une affluence considérable y assistait.

———

Les discours de M. le Conseiller Grand sont imprimés dans le *Courrier des Ardennes* des 27, 28 avril, 2 mai 1852; dans l'*Espoir*, journal de l'arrondissement de Rethel, numéro du 2 mai, et dans le *Moniteur de la Moselle* du 12 mai 1852.

www.ingramcontent.com/pod-product-compliance
Lightning Source LLC
Chambersburg PA
CBHW060511200326
41520CB00017B/5002